AF438290

VIE

DU GLORIEUX

SAINT-PASCAL BAYLON

RELIGIEUX DE L'ORDRE DE St-FRANÇOIS

Extraite de la *Vie des Saints*

PAR LE **P. GIRY**

Et publiée par les soins

DE LA CONFRÉRIE DE St-PASCAL BAYLON

Érigée dans l'Église paroissiale de St-Jean-Baptiste

A BASTIA.

Fête, le 17 Mai.

BASTIA, IMPRIMERIE OLLAGNIER

—

1876

VIE

DU GLORIEUX

SAINT-PASCAL BAYLON

RELIGIEUX DE L'ORDRE DE SAINT-FRANÇOIS

*An 1592. — Pape : Clément VIII. —
Empereur : Rodolphe II. — Roi de France :
Henri III.*

Pascal Baylon prit naissance en Espagne, l'an 1540, en la petite ville de Torre-Hermosa (Belle-Tour), au royaume d'Aragon, dans l'évêché de Siguença. Son père se nommait Martin Baylon, et sa mère Isabelle Joubert, ou Jubera. Notre Saint parut au monde le jour de Pâques, et c'est ce qui lui fit donner le nom de Pascal, suivant le désir de ses parents.

Dès qu'il eut l'âge de raison, on le vit s'exercer à la piété d'une façon admirable. Une de ses prières les plus ordinaires était l'*Oraison Dominicale*. Il se prosternait fréquemment devant la majesté de Dieu, allait souvent dans les églises, et il y demeurait si longtemps, qu'il fallait l'aller chercher pour lui faire prendre de la nourriture.

Lorsqu'il eut atteint l'âge de sept ans, ses parents furent obligés de le mettre au service de Martin Garcia, homme de grande probité, qui lui confia le soin de ses troupeaux. Cet emploi satisfit son goût pour la solitude. Il passait dans l'exercice de la contemplation tout le temps qu'il était obligé de demeurer dans les déserts, sans néanmoins perdre de vue le troupeau qu'il conduisait. Si les rencontres l'obligeaient de converser quelquefois avec d'autres bergers, c'était pour leur parler de leur salut et louer Dieu avec eux.

Il était insensible aux plaisirs, ennemi du jeu et des divertissements, discret dans ses paroles, honnête en sa conversation, charitable envers son prochain et toujours prêt à rendre service à tous, dans la vue de les gagner à Dieu. Quoiqu'il n'eût jamais étudié ni reçu de leçons d'aucun maître, il ne laissait pas néanmoins de savoir très-bien lire et écrire, par une faveur du Ciel et un don de l'Esprit divin. Le jeune Pascal n'abusait pas de ses talents, ne lisant jamais que de bons livres, pour régler sa conduite selon l'esprit des Saints, et ne se servant de sa plume que pour écrire de pieuses et utiles remarques pour sa perfection.

Son maître, charmé de tant de vertus, voulut l'adopter pour son fils. Mais notre Saint refusa, ayant formé depuis long-temps le projet de servir Dieu dans l'ordre de Saint-François. Il se retira dans un couvent à une demi-lieue de la ville de Montfort. Là ses vertus augmen-tèrent. Son humilité devint plus profonde, sa charité plus ardente, son obéissance plus prompte, sa chasteté plus pure, sa pauvreté plus grande, sa dévotion plus animée, et ses mortifications beaucoup plus austères et plus nombreuses. Il tâchait de recueillir, en sa seule personne, tout ce qu'il voyait de plus parfait dans celle des autres. Il persévéra dans cette ferveur pendant tout le temps de son noviciat.

Après ses vœux, on lui donna le soin

des malades. C'était un emploi très-conforme à ses désirs. Il éprouvait une grande satisfaction à s'acquitter des devoirs de cet office, qui n'inspire pour l'ordinaire que du dégoût aux autres. Il aimait tendrement les infirmes, il les servait avec une grande humilité, il les soulageait avec beaucoup d'application, il les consolait dans leurs maux avec des paroles pleines d'onction, il élevait leur esprit abattu par la maladie et leur faisait recevoir avec joie tous les genres de maux, que la divine Providence leur envoyait ; de sorte qu'il n'y avait personne qui ne fût parfaitement content de sa conduite et de ses services.

Les pauvres étaient le second objet de la tendresse de son cœur. Il est vrai qu'il était touché de compassion de leur misère ; mais il ne laissait pas d'avoir une haute estime de leur état, se souvenant qu'il avait été sanctifié par l'exemple de Jésus-Christ et qu'au sentiment même de ce grand Maître, il est plus facile de faire son salut dans la pauvreté que dans les richesses. C'est dans ces sentiments qu'il voyait les pauvres avec complaisance, qu'il les embrassait avec amour et qu'il se plaisait à les instruire avec une grande patience et une extrême charité. Il priait ses supérieurs de lui donner la permission de leur distribuer la meilleure partie de sa portion. Il recueillait avec grand soin et avec propreté tous les restes de la communauté, pour les donner à ces membres de Jésus-Christ. Mais il observait sagement de ne leur faire ses charités qu'après les avoir instruits sur leur croyance et après avoir récité avec eux, dévotement, l'*Oraison Dominicale*, le *Symbole des Apôtres* et quelques autres prières qui lui étaient familières. A ses prières il ajoutait de saints avis, pour sanctifier leur état par l'humilité, la piété et la patience.

Nous ne parlerons pas de ses austérités, de sa pauvreté, de son oraison continuelle. Il entrait quelquefois en de si vifs sentiments de la présence de Dieu et de la haute estime de sa majesté, qu'il en tombait souvent dans le ravissement : de sorte que, son corps suivant quelquefois les mouvements et les élévations de son esprit, on l'apercevait suspendu en l'air par les excès du divin amour. Son plus grand bonheur était de demeurer au pied des autels devant le Tabernacle où résidait l'unique objet de son amour. Lorsqu'il ne pouvait se rendre à l'église pour contenter cette dévotion ou plutôt ce besoin de son âme, il s'y transportait d'une autre manière, par un élancement de cœur et une élévation d'esprit, se prosternant plusieurs fois le jour contre terre, pour adorer Jésus-Christ avec la même ferveur que s'il avait été au pied de ses autels.

Il était merveilleusement soutenu dans cette dévotion par le ressouvenir continuel d'une grâce singulière, qu'il avait reçue autrefois n'étant encore que berger. Gardant un jour son troupeau, il avait entendu une cloche qui lui faisait connaître qu'on élevait la sainte Hostie pendant la Messe. S'étant prosterné au milieu des champs pour l'adorer, il arriva que cette Hostie lui parut dans le lieu où il était, soutenue par la main des anges qui la lui présentaient pour la vénérer. Cette faveur extraordinaire le remplit, toute sa vie, d'une si douce consolation, qu'il n'y pensait jamais sans de grands transports de joie et de très-humbles actions de grâces.

Il avait une singulière dévotion pour la très-sainte Vierge. Il avait surtout un grand respect pour l'Immaculée Conception de cette digne Mère de Jésus-Christ. Il expliquait très-nettement et même savamment les mystères de notre Religion sainte, lorsqu'il en trouvait l'occasion et qu'il y allait de la gloire de Dieu.

Deux savants théologiens de la Compagnie de Jésus, s'étant trouvés avec lui dans une conversation, le prirent pour un habile théologien. Quand ils apprirent que ce pauvre frère n'avait jamais étudié que dans l'école de l'Oraison et au pied du Crucifix, ils furent bien persuadés que la science lui avait été inspirée par le divin Maître.

Cet illustre disciple de Jésus-Christ a composé de petits, mais admirables traités sur la nature et les perfections de Dieu, sur le mystère ineffable de la très-sainte Trinité, sur celui de l'Incarnation du Verbe, sur la manière de faire l'Oraison, sur les trois degrés de la perfection chrétienne, sur la grâce, sur les anges et sur plusieurs autres semblables matières de piété.

Il fit bien connaître que sa science était celle des Saints. Car, ayant été chargé par ses supérieurs d'une mission très-difficile pour la France, il s'en acquitta avec beaucoup d'habileté. Dans ce voyage, il tomba entre les mains des hérétiques, les confondit par ses sages réponses aux questions qu'ils lui firent sur les articles de notre foi et apaisa leur fureur par sa vie toute sainte, sa patience et son humilité.

Dieu ne refusa pas le don des miracles à celui qui faisait un si bon usage des autres talents qu'il lui avait confiés. Comme un jour le Saint avait été averti que la peste ravageait une ville, loin de s'éloigner comme tout le monde, il y courut; et non-seulement il ne fut pas atteint du fléau, mais il le fit cesser en faisant cesser les péchés des habitants qui en étaient cause. Le procès-verbal fait après sa mort, par autorité de l'Église, porte les noms d'une foule de personnes, qui déclarèrent avec serment avoir été guéries de diverses maladies par la vertu du signe de la croix, que ce religieux avait fait sur elles.

Autant le bienheureux Pascal était favorisé des dons du Ciel, autant il était devenu l'objet de l'indignation des puissances de l'enfer. Les démons le maltraitèrent souvent, au point que son corps en était tout livide. D'autres fois, pour lui donner des sentiments de vanité, ils le visitaient sous la figure d'un ange, d'un saint, de la bienheureuse Vierge Marie et même sous les traits de Notre-Seigneur. Mais le Saint, divinement éclairé, découvrit facilement le loup infernal sous la peau de l'Agneau divin qui l'a vaincu par sa mort. Comme un guerrier plein d'expérience, il donnait d'excellents avis sur la manière de triompher du démon et de ses illusions. On s'applaudissait toujours d'avoir suivi en tout point ses conseils.

Un prédicateur, qui avait une manière de prêcher toute mondaine et qui ne s'étudiait qu'à la politesse du discours, changea cette manière, suivant les avis du frère Pascal, et fit, dans la suite, des conversions admirables.

Saint Pascal mourut paisiblement dans le couvent des Frères Mineurs de Villa-Real, au royaume de Valence, le 15 mai de l'année 1592, âgé de cinquante-deux ans. Une infinité de miracles, vérifiés juridiquement, se firent à son tombeau. On voyait encore au XVIIe siècle son corps sans marques de corruption. Ce qu'il y avait de plus admirable et de plus surprenant, c'était de voir que le corps de ce grand serviteur de Dieu conservait toujours les yeux ouverts, aussi vifs et aussi brillants que s'il eût été en vie. Des personnes de grand mérite ont assuré avec serment, dans le procès-verbal dressé par l'évêque diocésain et les autres commissaires députés du Souverain Pontife, qu'ils lui ont vu plusieurs fois fermer les yeux dans le temps de l'élévation de la Sainte Hostie, à la messe conventuelle, comme si son cœur était encore vivant et animé du même amour et touché du même respect qu'il avait pour l'adorable Sacrement de l'autel pendant sa vie.

Il fut canonisé le 1er novembre de l'an 1680.

ORAISON A SAINT PASCAL BAYLON

O Dieu, qui avez embrasé le Bienheureux Pascal, votre Confesseur, d'un amour singulier envers les mystères sacrés de votre corps et de votre sang, faites, par votre miséricorde, que nous méritions de recevoir la même abondance de grâces qu'il a puisée dans ce divin banquet. Vous qui étant Dieu, vivez et régnez avec le même Dieu le Père et le Saint-Esprit dans les siècles des siècles. Ainsi soit-il.